Azul

Moira Anderson

Heinemann Library
Chicago, Illinois

Customer Service 888-454-2279
Visit our website at www.heinemannlibrary.com

Editorial: Moira Anderson, Carmel Heron
Page layout: Marta White, Heinemann Library Australia
Translation into Spanish produced by DoubleOPublishing Services
Photo research: Jes Senbergs, Wendy Duncan
Production: Tracey Jarrett
Printed and bound in China by South China Printing Company Ltd.

09 08 07 06
10 9 8 7 6 5 4 3 2 1

Library of Congress Cataloging-in-Publication Data
Anderson, Moira (Moira Wilshin) [Blue. Spanish]
  Azul / Moira Anderson.
     p. cm. -- (Encontrando colores)
  Includes index.
  ISBN 1-4034-7460-5 (library binding) -- ISBN 1-4034-7465-6 (pbk.)
  1. Blue--Juvenile literature. 2. Colors--Juvenile literature. I. Title.
II. Series.
  QC495.5.A53318 2006
  535.6--dc22
                                              2005028244

Acknowledgments
The publisher would like to thank the following for permission to reproduce photographs: Rob Cruse Photography: pp. **5** (all items), **6, 8, 9, 10, 11** (party hat), **13, 14, 15, 23** (bottle, pencil case); Corbis: p. **17**; Getty Images/PhotoDisc: p. **18**; PhotoDisc: pp. **4, 7, 11** (balloon), **12, 16, 19, 21, 23** (globe); photolibrary.com: pp. **20, 22, 23** (beaks, feathers).

Front cover photograph permission of Tudor Photography, back cover photographs permission of PhotoDisc (starfish) and Rob Cruse Photography (teddy bear).

Every attempt has been made to trace and acknowledge copyright. Where an attempt has been unsuccessful, the publisher would be pleased to hear from the copyright owner so any omission or error can be rectified.

Many thanks to the teachers, library media specialists, reading instructors, and educational consultants who have helped develop the Read and Learn/Lee y aprende brand.

Contenido

Algunas palabras aparecen en negrita, **como éstas**. Puedes encontrarlas en el glosario en la página 23.

¿Qué es azul?

El azul es un color.

¿Qué colores diferentes ves en esta imagen?

El color azul está por todas partes.

¿Has visto estas cosas azules?

¿Qué cosas azules hay en casa?

Los juguetes pueden ser azules.

Este osito de peluche es peludo.

Los tazones pueden ser azules.

Este tazón azul se usa para la avena.

¿Qué cosas azules veo desde mi ventana?

El cielo se ve azul desde la ventana.

El cielo es casi todo azul cuando es de día y no hay nubes.

Este automóvil azul en la calle se ve desde la ventana.

El automóvil se mueve rápido por la calle.

¿Qué cosas azules puedo tener en mi fiesta?

Este regalo es azul.

El papel de envolver y el lazo son azules.

Algunos gorritos de fiesta y globos son azules.

Los gorritos están hechos de cartulina azul brillante.

¿Qué cosas azules uso en la escuela?

En la escuela hay un **globo** del mundo.

Las partes azules del globo muestran el océano.

Esta botella azul es buena para guardar una bebida.

Está hecha de **plástico** para que no se rompa.

¿Qué otras cosas azules hay en la escuela?

cremallera

Los lápices se pueden guardar en un estuche de lápices azul.

La **cremallera** azul abre y cierra el estuche.

En la escuela se usan lápices azules.

Son buenos para dibujar el cielo azul.

¿Qué cosas azules hay en la playa?

El mar se ve azul desde la playa.

Aquí el agua no es muy profunda.

Estas sombrillas de playa son azules.

Protegen a la gente del sol.

¿Qué cosas azules usa la gente?

Este florero es azul.

La gente usa floreros para poner flores.

La gente usa cintas azules como premios.

La cinta azul es para el primer premio.

¿Hay animales azules?

picos

plumas

Estos pájaros son azules.

Limpian sus **plumas** con el **pico**.

Esta estrella de mar es azul.

Su cuerpo está en el centro de sus cinco brazos.

Prueba breve

¿Qué cosas azules ves en esta fiesta?

Busca las respuestas en la página 24.

22

Glosario

pico
parte dura de la boca de un pájaro

pluma
capa ligera que cubre la piel de un pájaro

globo
esfera con un mapa del mundo impreso sobre ella

plástico
material ligero y fuerte que puede tener distintas formas

cremallera
se usa para unir dos piezas de material; se usa en bolsos y ropa

Índice

Respuestas a la prueba breve de la página 22

camisa · vestido · gorrito · bolsa · vaso · globo

Nota a padres y maestros

Leer para informarse es parte importante del desarrollo de la lectura en el niño. Se puede animar a los lectores a hacer preguntas simples y luego usar el texto para buscar las respuestas. Cada capítulo en este libro comienza con una pregunta. Lean juntos la pregunta. Fíjense en las imágenes. Hablen sobre cuál piensan que puede ser la respuesta. Después lean el texto para averiguar si sus predicciones fueron correctas. Para desarrollar las destrezas de investigación de los lectores, anímelos a pensar en otras preguntas que podrían preguntar sobre el tema. Comenten dónde podrían buscar las respuestas. Ayude a los niños a usar la página del contenido, el glosario ilustrado y el índice para practicar destrezas de investigación y vocabulario nuevo.